ED. PERELLÓ

LLIBRES
ACADÈMICS

AF 237820

LUZ Y LETRAS: EL SIGLO DE ORO VALENCIANO

ED. PERELLÓ
LLIBRES ACADÈMICS

La Colección *Llibres Acadèmics* está destinada a la difusión de estudios, monografías, libros divulgativos, ensayos y textos de perfil académico.

Entre sus publicaciones más recientes destacan: *Curiosidades sobre Valencia*, de Ismael Martí; *Historia esencial de Valencia*, de Enrique Gallud; *Valencianos inmortales*, de Alejandro Alcalá, *Leyendas de Valencia*, de Ismael Martí, *Valencia y sus herejes*, de Dulce María Alcaraz, entre otros...

IGNASI PIQUER

LUZ Y LETRAS

EL SIGLO DE ORO VALENCIANO

EDICIONS PERELLÓ

© Del texto: Ignasi Piquer
© Ed. Perelló, SL, 2026

Carrer de les Amèriques, 27
46420 – Sueca, Valencia
e-mail: info@edperello.es
http://edperello.es

I.S.B.N.: 979-13-70191-00-9
Depósito legal: V-356-2026

Impreso en España

Este libro ha sido impreso en papel
ecológico procedente de bosques sostenibles.

ÍNDICE

Mapa de Valencia, 1584.

INTRODUCCIÓN

La Valencia del Siglo de Oro

Valencia, durante los siglos XV y XVI, vivió un período de esplendor que se conoce como su Siglo de Oro, un tiempo en el que la ciudad no solo destacó por su pujanza económica, sino que también se consolidó como un epicentro cultural y literario en el Mediterráneo. Esta época, marcada por el auge del comercio, el crecimiento urbano y la expansión política, convirtió a la ciudad del Turia en una de las más vibrantes de la Corona de Aragón. Al igual que otras regiones prósperas de la península, como Castilla y Cataluña, Valencia canalizó su riqueza material hacia el desarrollo de las artes y las letras, siguiendo un fenómeno que ya había marcado la evolución cultural de ciudades como Florencia o Venecia.

Una de las claves para entender el florecimiento valenciano de esta época radica en su ubicación estratégica en el Mediterráneo, lo que le permitió convertirse en un punto neurálgico del comercio internacional. Este comercio próspero no solo favoreció la acumulación de capital, sino que también facilitó el intercambio de ideas, obras y tendencias estéticas que enriquecieron su vida intelectual y artística. Valencia, con sus conexiones comerciales, se vinculó estrechamente con el humanismo renacentista que florecía en Italia, recibiendo la influencia directa de pensadores y artistas europeos, un proceso que estimuló el desarrollo de un ambiente literario fértil.

El mecenazgo fue otro elemento determinante en la conformación de este escenario cultural privilegiado. La aristocracia valenciana, ansiosa por exhibir su poder y refinamiento, destinó importantes recursos a la promoción de las letras, la pintura y la arquitectura. Personajes como los duques de Gandía o los señores de Oliva, por mencionar solo algunos, no dudaron en rodearse de poetas, filósofos y artistas que, bajo su patrocinio, producían algunas de las obras más notables del período. El impacto de este patrocinio se percibe en la vasta producción literaria que, aún hoy, es reconocida como una de las más importantes de la península ibérica.

En cuanto a su estructura urbana, Valencia ya era, para el siglo XV, una ciudad dinámica y cosmopolita. Con una población que superaba los 70.000 habitantes hacia 1500, la ciudad estaba en pleno auge demográfico y se beneficiaba de una expansión urbana sostenida. Esto la situaba a la par de otros grandes centros como Sevilla o Barcelona. Su conjunto arquitectónico es testimonio de este esplendor. La Lonja de la Seda, hoy Patrimonio de la Humanidad, es solo un ejemplo del impulso constructivo que vivió la ciudad, siendo no solo un espacio de comercio, sino también un lugar donde las élites se encontraban y compartían ideas, donde el arte gótico tardío encontró una de sus más bellas expresiones.

La cultura en los siglos XV y XVI

La importancia de la cultura y la literatura durante el Siglo de Oro valenciano no puede subestimarse. Este período fue una verdadera edad dorada de la poesía, la narrativa y el teatro, destacándose figuras que hoy son pilares del patrimonio literario español. Uno de los autores más emblemáticos fue Ausiàs March, quien, con su estilo innovador, rompió con las formas tradicionales de la poesía trovadoresca. Sus versos, profundamente filosóficos y emotivos, marcaron una transición hacia una poesía más introspectiva y personal, que influyó no solo en escritores de su tiempo, sino también en generaciones posteriores. March es considerado uno de los primeros poetas europeos modernos, precursor de una poesía que se aparta de la idealización del amor cortés para explorar las emociones humanas desde una perspectiva mucho más realista y personal.

Otro gran exponente del Siglo de Oro valenciano fue Joanot Martorell, cuya obra cumbre, *Tirant lo Blanch* (1490), es considerada una de las primeras novelas modernas y que incluyó en autores posteriores como Miguel de Cervantes. Esta novela, que mezcla romance, aventuras y guerra, es un fiel reflejo de la complejidad cultural de su tiempo, en la que los ideales caballerescos convivían con un creciente sentido de la individualidad y la realidad humana. *Tirant lo Blanch* no solo influyó en autores contemporáneos, sino que dejó una marca indeleble en la literatura europea, al punto que Cervantes lo mencionó en *Don Quijote* como uno de los libros más importantes de su época.

En el ámbito del teatro, Valencia también adquirió un lugar privilegiado, siendo pionera en el desarrollo del drama religioso medieval. Las representaciones teatrales, tanto en espacios públicos como en palacios privados, desempeñaron un papel fundamental en la vida cultural de la ciudad, convirtiéndose en una herramienta tanto de entretenimiento como de enseñanza religiosa. Estas representaciones, muchas veces organizadas por los gremios y cofradías locales, reflejaban una sociedad profundamente marcada por el catolicismo, pero abierta a las influencias de las corrientes humanistas que llegaban desde el norte de Italia.

Además, el florecimiento cultural valenciano fue favorecido por la llegada de la imprenta, un avance revolucionario que permitió la difusión de las obras de autores locales a una escala sin precedentes. En 1474 se instaló en Valencia la primera imprenta de la península ibérica, un hecho que facilitó la circulación de libros y textos académicos, religiosos y divulgativos, acelerando el intercambio de ideas y conocimientos. Este acceso a la cultura escrita democratizó, en cierta medida, el conocimiento, permitiendo que la producción literaria de Valencia no solo se quedara dentro de sus fronteras, sino que llegara a toda la península e incluso más allá.

Además, la cultura valenciana de este período no se limitó a las letras. La música, la pintura y la arquitectura también vivieron una época de esplendor, con artistas que, aunque menos conocidos que sus contemporáneos castellanos o italianos, contribuyeron significativamente al desarrollo del arte europeo. Los compositores valencianos crearon obras que combinaban la tradición religiosa con nuevas formas renacentistas, mientras que los pintores se inspiraban en el estilo flamenco y en el gótico internacional. Todo esto, sumado a una profunda religiosidad y al crecimiento de las instituciones educativas y académicas, configuró una ciudad que era, sin duda, una de los faros culturales de Europa en aquel tiempo.

En definitiva, la Valencia del Siglo de Oro fue un crisol de creatividad y saberes, una ciudad que supo combinar la tradición con la innovación, y cuyo legado cultural sigue siendo objeto de estudio y admiración. Las letras y las artes no solo reflejaron el esplendor material de la ciudad, sino que también construyeron una identidad cultural que perdura hasta hoy, haciendo de Valencia un emblema de la cultura mediterránea y española. Este libro pretende ofrecer una visión integral de ese legado, explorando sus múltiples facetas y poniendo en valor una de las épocas más brillantes de la historia.

1

La Valencia del Siglo de Oro

El auge económico y político

El siglo XV marcó el inicio de una época de esplendor para Valencia, que se expandió hasta bien entrado el siglo XVI. Durante estos años, la ciudad experimentó un desarrollo económico sin precedentes, apoyada en su privilegiada posición geográfica como puerto comercial del Mediterráneo y en su integración en la Corona de Aragón, lo que favoreció un auge tanto político como económico. Valencia, con una población que de casi cien mil habitantes, se convirtió en uno de los principales centros urbanos de la península ibérica, compitiendo directamente con ciudades como Barcelona y Sevilla.

El comercio fue el motor fundamental de este desarrollo. Las rutas marítimas que conectaban a Valencia con el resto del Mediterráneo permitían el flujo constante de mercancías entre Europa, el Norte de África y el Levante, siendo productos como la seda, el aceite, los tejidos y los cereales algunos de los principales pilares de su economía. En especial, la industria de la seda alcanzó un boato tal que convirtió a Valencia en uno de los centros productivos más importantes de Europa. La seda valenciana no solo era demandada en la península, sino que se exportaba a mercados tan lejanos como Flandes e Italia. La construcción de la Lonja de la Seda (1482-1548), hoy declarada Patrimonio de la Humanidad, es uno de los testimonios arquitectónicos más emblemáticos de este auge comercial.

Además del comercio, Valencia destacó por su agricultura en la fértil huerta que rodeaba la ciudad. El sistema de regadío heredado de los musulmanes y perfeccionado a lo largo de los siglos permitía la explotación intensiva de la tierra, asegurando un suministro constante de productos agrícolas que no solo abastecían a la ciudad, sino que también eran objeto de exportación y generaban riquezas.

En el ámbito político, Valencia ganó mayor autonomía gracias a la existencia de sus propias instituciones de autogobierno, como el Consell o la Generalitat Valenciana. Estas instituciones actúan como intermediarios entre la Corona y la ciudad, permitiendo a la nobleza y a las elites mercantiles locales participar activamente en la toma de decisiones políticas y en la administración del territorio. La influencia de estos grupos en la vida social y cultural de la ciudad fue determinante para el florecimiento artístico e intelectual.

La influencia de la Corona de Aragón

El auge de Valencia no puede entenderse sin analizar sus pertenencias a la Corona de Aragón, una confederación de territorios que, bajo la monarquía aragonesa, integraba Cataluña, Aragón, Mallorca y las posesiones mediterráneas como Sicilia, Cerdeña y Nápoles. Esta red de territorios permitía un intercambio económico y cultural muy fluido entre Valencia y otras regiones mediterráneas, lo que fortaleció el carácter cosmopolita de la ciudad y la entrada de nuevos conocimientos, ideas e innovaciones.

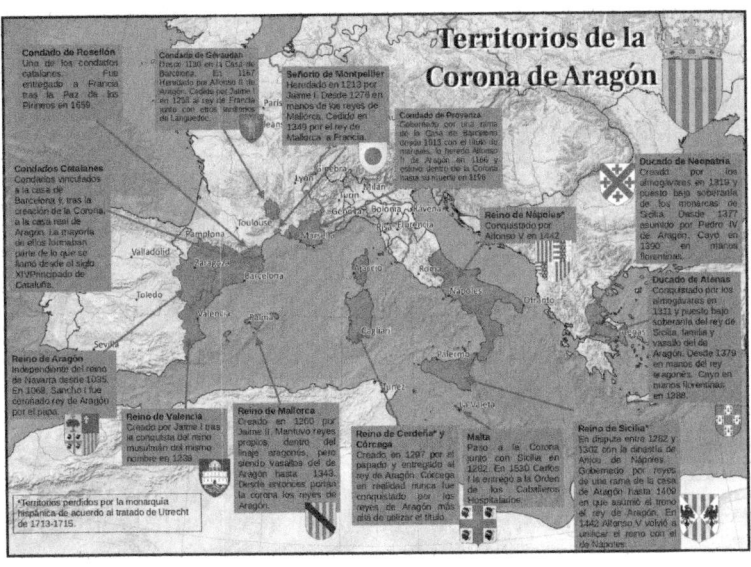

El Mediterráneo fue, en esa época, el epicentro de una vasta red comercial y cultural que conectaba Europa, el Norte de África y Oriente Medio. A través de sus puertos, Valencia mantenía contactos directos con ciudades italianas como Génova, Florencia y Venecia, y con los centros comerciales del norte de África, como Túnez y Argel. Esta situación no solo favoreció el comercio, sino también el intercambio cultural. El humanismo italiano, con sus nuevas ideas sobre la literatura, la filosofía y el arte, penetró en Valencia gracias a estas conexiones marítimas. Es en este contexto donde la ciudad recibió una fuerte influencia renacentista, visible tanto en sus manifestaciones artísticas como en la creación literaria.

La dinastía de los Trastámara, que gobernaba la Corona de Aragón, también jugó un papel crucial en la consolidación de Valencia como centro cultural. Bajo el reinado de Alfonso el Magnánimo (1416-1458), la urbe se convirtió en un espacio de mecenazgo artístico, donde la corte real atraía a poetas, filósofos y artistas de toda Europa. La presencia de una corte humanista en Nápoles, ciudad que también pertenecía a la Corona de Aragón, facilitó el flujo de ideas y artistas entre Italia y Valencia, impregnando a la ciudad con un aire intelectual y cosmopolita.

Este intercambio de ideas y personas posicionó a Valencia como un verdadero nexo cultural entre el norte y el sur de Europa, convirtiéndola en una ciudad donde convergían las principales corrientes intelectuales y artísticas del momento. Como centro de la Corona de Aragón, la ciudad vivió un renacimiento cultural que afectó no solo a la producción literaria, sino también a la pintura, la arquitectura y la música.

El rol de la nobleza y el clero en la cultura

El auge cultural de Valencia durante el Siglo de Oro no habría sido posible sin la participación activa de la nobleza y el clero, quienes jugaron un papel fundamental como mecenas del arte y la literatura. En una época en la que la cultura dependía en gran medida del patrocinio privado, estos sectores de la sociedad invirtieron grandes sumas de dinero en la promoción de las artes, buscando consolidar su prestigio social y reafirmar su influencia política.

La nobleza valenciana, enriquecida gracias al comercio y la explotación agrícola, destinó gran parte de sus recursos a rodearse de artistas y escritores que contribuyeron a embellecer sus palacios y perpetuar su memoria. Figuras como los duques de Gandía o los condes de Oliva fueron algunos de los principales patrocinadores de poetas y escritores de la época. En sus cortes se cultivaba un ambiente intelectual refinado, donde se discutían las últimas novedades literarias y filosóficas llegadas de Italia o Francia. Este mecenazgo no solo se limitaba a la literatura, sino que también abarcaba la música, la pintura y la arquitectura.

El clero también jugó un papel crucial en el desarrollo cultural de la ciudad. Las grandes órdenes religiosas, como los dominicos y los franciscanos, fundaron conventos y universidades donde se impartían enseñanzas avanzadas en teología, filosofía y humanidades. Uno de los centros más destacados fue la Universidad de Valencia, fundada en 1499, que se convirtió en un foco de humanismo y en la cuna de muchos de los intelectuales valencianos más ilustres de la época.

Este mecenazgo clerical también se extiende al ámbito artístico. Muchas de las grandes catedrales e iglesias de Valencia se convirtieron en auténticos museos de arte religioso, decorados con obras de los mejores pintores y escultores del momento. Los monasterios y conventos no solo fueron espacios de devoción, sino también de creación literaria. Muchos poetas y escritores del Siglo de Oro encontraron en el clero un público culto y un ambiente propicio para desarrollar sus obras.

Y es que la sociedad valenciana del Siglo de Oro estuvo marcada por una sinergia entre el poder económico de la nobleza, la influencia espiritual del clero y el dinamismo intelectual de los humanistas. Este tejido social fue el caldo de cultivo ideal para el florecimiento de una cultura que, cinco siglos después, sigue siendo recordada como una de las más brillantes de la historia de la península ibérica. Valencia, en este período, no solo fue un centro económico y político de primer orden, sino también un faro cultural que iluminó el Mediterráneo con el brillo de sus letras y sus artes.

2

La Literatura del Siglo de Oro Valenciano

El Humanismo en Valencia

El humanismo fue uno de los motores intelectuales más importantes del Renacimiento; y Valencia, en su Siglo de Oro, no quedó exenta de su influencia. Este movimiento, que tuvo sus raíces en Italia, promovió el estudio de los textos clásicos y el ideal del ser humano como centro de toda reflexión filosófica y artística. Desde mediados del siglo XV, la ciudad del Turia acogió el humanismo con notable entusiasmo, en parte gracias a sus vínculos comerciales y culturales con Italia. Intelectuales valencianos viajaban a ciudades como Florencia o Nápoles, y el flujo de ideas entre ambos territorios se hizo evidente en las letras y en el pensamiento filosófico de la época.

Uno de los principales centros de difusión del humanismo en Valencia fue la Universidad de Valencia, fundada en el siglo XV. Esta institución se convirtió en un foco de formación para poetas, fi-

lósofos y escritores que abrazaban los ideales renacentistas. Aquí se introdujeron los estudios de
los clásicos grecolatinos, que influyeron directamente en la producción literaria valenciana. Las
traducciones y comentarios de obras de Cicerón,
Virgilio y Platón, entre otros, comenzaron a for-
mar parte del acervo cultural de los humanistas
valencianos, quienes supieron adaptar esos conocimientos a la realidad local.

El pensador más in-
fluyente del humanismo
valenciano fue Juan Luis
Vives (1492-1540), na-
cido en la ciudad y con-
siderado uno de los inte-
lectuales más destacados
de su tiempo. Formado
en París y más tarde en
Lovaina, Vives desarro-
lló una obra prolífica en
pedagogía y filosofía re-

nacentista. Su tratado *De disciplinis* (1531) abor-
daba la necesidad de una educación integral que
promoviera el desarrollo de las capacidades intelectuales, morales y físicas del ser humano, una
propuesta fuertemente inspirada en los ideales
humanistas. La influencia de Vives trascendió las
fronteras de Valencia, y su obra fue leída y discu-
tida en universidades de toda Europa.

Durante el Siglo de Oro valenciano, surgieron numerosos escritores cuya obra no solo dejó huella en la literatura valenciana, sino que también se proyectó a nivel nacional e internacional. Entre los nombres más destacados se encuentran Ausiàs March, Joanot Martorell y Roís de Corella, quienes con sus escritos marcaron un antes y un después en la literatura valenciana y española.

Los cinco libros ôl effoxçado ʒ inuencible cauallero Lirante el blanco ôe roca falada: Cauallero ôela Ba rrotera. El qual poʒ fu alta caualleria alcãʒo a fer paí cipe ʒ cefar ôel imperio ôe grecia.

Uno de los mayores legados de este período es la obra *Tirant lo Blanch* (1490), escrita por Joanot Martorell, quizás el libro más célebre de la literatura valenciana. Considerada una de las primeras novelas modernas, *Tirant lo Blanch* se erige como una obra maestra de la prosa valenciana y europea. La novela combina elementos de la caballería, la guerra y el romance, pero con un enfoque realista y psicológico que rompió con las convenciones de la novela caballeresca tradicional. Martorell presenta un héroe, Tirant, cuyas acciones están guiadas por virtudes caballerescas, pero también por sus debilidades humanas, lo que lo convierte en un personaje complejo y adelantado a su tiempo. No es casual que Cervantes elogiara la obra en su *Don Quijote*, considerándola una de las mejores de su género.

Otro autor fundamental de la época fue Jaume Roís de Corella, quien destacó por su elegante prosa y poesía. Su obra, profundamente influenciada por la mitología clásica y los textos latinos, muestra una refinada sensibilidad literaria y un estilo depurado. Roís de Corella escribió tanto en prosa como en verso, y su obra está marcada por una visión trágica del amor y la vida, inspirada en el neoplatonismo que circulaba en los círculos intelectuales valencianos. Su poesía, en particular, refleja la mezcla de tradición medieval y las influencias humanistas del Renacimiento.

Ausiàs March y su legado

La poesía del Siglo de Oro valenciano encuentra en Ausiàs March (1397-1459) su máximo exponente. Considerado uno de los líricos más importantes de la literatura en valenciano, March rompió con las formas tradicionales de la poesía trovadoresca al introducir un estilo más personal, introspectivo y filosófico.

Su obra, que comprende más de 120 poemas, está marcada por una profunda meditación sobre

el amor, la muerte y la existencia humana. Ausiàs March fue pionero en una nueva concepción del amor, que se apartaba de la idealización cortés para adentrarse en los conflictos y contradicciones propias de la naturaleza humana. Este enfoque más realista y dramático de los sentimientos influyó en poetas posteriores como Garcilaso de la Vega y Fray Luis de León. Los versos de March no solo expresan las emociones del poeta, sino que también reflejan sus inquietudes filosóficas, lo que lo convierte en un autor profundamente innovador dentro de la lírica ibérica.

March escribió en valenciano, lo que permitió que su poesía se difundiera ampliamente en la Corona de Aragón, especialmente en Valencia, Cataluña y las Islas Baleares. Su estilo, caracterizado por la fuerza de sus imágenes y la profundidad de su pensamiento, lo consolidó como una figura central en la poesía del Renacimiento y abrió el camino para una nueva sensibilidad poética en la literatura hispánica.

El teatro medieval valenciano fue una de las manifestaciones culturales más ricas del Siglo de Oro y es en él donde podemos rastrear los orígenes del drama religioso y cortesano en la península ibérica. Las representaciones dramáticas, a menudo ligadas a festividades religiosas, constituían una parte esencial de la vida cultural valenciana, atrayendo tanto a las élites como a las clases populares.

Uno de los ejemplos más antiguos y representativos del teatro valenciano es el *Misteri d'Elx* [*Misterio de Elche*], una obra religiosa que se representa desde el siglo XV en la ciudad de Elche. Esta pieza teatral, que narra la Asunción de la Virgen María, es uno de los pocos ejemplos de teatro medieval que ha sobrevivido hasta la actualidad, siendo declarada Patrimonio Cultural Inmaterial de la Humanidad por la UNESCO. El *Misteri d'Elx* es testimonio del profundo sentido religioso que impregnaba la cultura valenciana, pero también de la riqueza y complejidad de su tradición literaria.

El teatro cortesano, por otro lado, floreció en los palacios de la nobleza, donde se representaban obras más refinadas, a menudo inspiradas en temas mitológicos o clásicos. Estas representaciones tenían un carácter elitista y servían como entretenimiento para la aristocracia, al tiempo que reforzaban su estatus social. El drama cortesano valenciano fue precursor de las grandes obras teatrales del Siglo de Oro español, que más tarde alcanzaría su cúspide en la obra de autores como Lope de Vega y Calderón de la Barca.

Prosa y ensayo

La prosa valenciana también experimentó un notable desarrollo durante este período. Además de la novela caballeresca, como el mencionado *Tirant lo Blanch*, el Siglo de Oro valenciano fue testigo del auge del ensayo y la prosa didáctica. Los autores valencianos, influidos por el humanismo, comenzaron a escribir obras que abordaban cuestiones filosóficas, morales y religiosas con un enfoque racionalista.

Un ejemplo destacado es Bernat Fenollar, quien, aunque más conocido por su poesía, también fue un prolífico escritor en prosa y participó en importantes debates literarios de su tiempo. Los ensayos y tratados que circularon en Valencia durante este período reflejaban el espíritu humanista que prevalecía en Europa, promoviendo la reflexión crítica sobre temas de actualidad y el estudio de los clásicos grecorromanos.

El auge de la imprenta en Valencia facilitó la difusión de estas obras, permitiendo que los escritos de autores valencianos llegaran a un público más amplio. La imprenta, introducida en Valencia en el año 1474, fue un motor esencial para la circulación de ideas y conocimientos, consolidando a la ciudad como un centro literario de primer orden.

3

Otras Expresiones Culturales

Música y festividades populares

La música y las festividades populares jugaron un papel fundamental en la vida cultural de la Valencia del Siglo de Oro. La música estaba presente en casi todos los aspectos de la vida cotidiana, desde los eventos religiosos hasta las celebraciones populares, y Valencia no fue una excepción a esta tendencia que se observaba en toda Europa durante el Renacimiento.

En el ámbito religioso, las iglesias y catedrales valencianas se convirtieron en centros musicales donde se desarrolló un importante repertorio de música sacra. Los coros eclesiásticos interpretaban obras polifónicas que seguían las tendencias musicales que llegaban desde Flandes y la península italiana. Uno de los compositores más destacados de esta época fue Juan Bautista Comes, maestro de capilla de la Catedral de Valencia, cuyas composiciones litúrgicas destacaron por su complejidad y belleza polifónica. Sus obras, muchas de ellas en latín, están marcadas por una profunda espiritualidad y un uso innovador de las voces e instrumentos.

Fuera del ámbito religioso, las festividades populares de Valencia ofrecen un escenario dinámico para la música secular. Las fiestas, celebraciones y procesiones iban acompañadas de música tradicional, interpretada con instrumentos como la guitarra, el laúd y diversos tipos de percusión. Las calles de Valencia se llenaban de color y música durante las Fiestas de San Dionisio, así como en otras festividades locales que servían para cohesionar a la sociedad valenciana en torno a sus tradiciones.

Además, los bailes populares eran una parte integral de las festividades. Las danzas como el sarao y la *seguidilla* animaban las celebraciones y se transmitían de generación en generación, reforzando el sentido de identidad local. La música y la danza no

solo eran formas de entretenimiento, sino también expresiones del arraigo cultural y la vitalidad de la sociedad valenciana durante el Siglo de Oro.

La influencia renacentista en Valencia

El Siglo de Oro valenciano no solo fue un período de esplendor literario, sino también de crecimiento y evolución en las artes visuales. Durante los siglos XV y XVI, la pintura y el arte en Valencia recibieron una fuerte influencia del Renacimiento italiano, que llegó a la ciudad a través de los intercambios comerciales y culturales con ciudades como Florencia y Venecia. Los artistas valencianos, expuestos a las ideas humanistas y al realismo pictórico del Renacimiento, comenzaron a desarrollar un estilo propio que fusionaba la tradición gótica con las innovaciones renacentistas y lo mezclaba con la tradición española.

Uno de los artistas más representativos de este período fue Fernando Yáñez de la Almedina, quien trabajó en Italia junto a Leonardo da Vinci y trajo consigo a Valencia las técnicas y el uso de la perspectiva propios del arte renacentista. Su obra destaca por el tratamiento del color y la composición, en la que es evidente la influencia de los grandes maestros italianos. Obras como *Tránsito de la Virgen* muestran la combinación de elementos religiosos tradicionales con el nuevo enfoque renacentista en la representación del espacio y las figuras humanas.

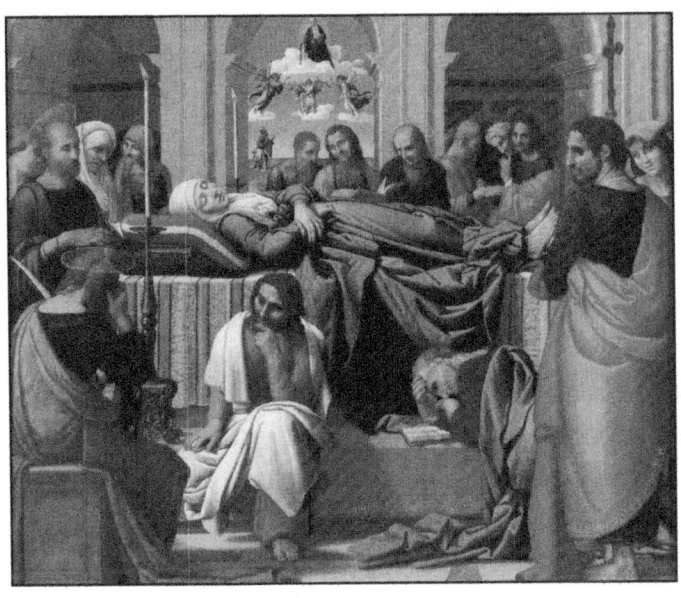

El Renacimiento también se manifestó en la proliferación de retablos y pinturas religiosas en las iglesias valencianas, donde los artistas locales aplican las innovaciones técnicas traídas de Italia, como el uso de la perspectiva lineal y la experimentación con el claroscuro. Estas técnicas permitieron a los pintores valencianos lograr un mayor realismo en sus obras, especialmente en la representación de las figuras humanas y los paisajes.

Además, se desarrolló una escuela valenciana de pintura que incluyó a artistas como Juan de Juanes, considerado uno de los mejores representantes de la pintura renacentista en España. Su obra destaca por su devoción al detalle, la elegancia en la representación de las figuras religiosas y la serenidad de sus composiciones. La influencia del Renacimiento en Valencia fue clave para la transformación de la ciudad en un centro artístico de gran importancia en la península ibérica.

ARQUITECTURA GÓTICA Y RENACENTISTA

La arquitectura valenciana durante el Siglo de Oro es un testimonio tangible del esplendor económico y cultural que vivió la ciudad. La combinación de los estilos gótico y renacentista marcó el paisaje arquitectónico de Valencia, reflejando tanto la continuidad de la tradición medieval como la adopción de las innovaciones traídas desde Italia y el resto de Europa.

El gótico valenciano fue un estilo arquitectónico que se desarrolló con características propias, influenciado por el gótico catalán, pero con una mayor monumentalidad y un enfoque decorativo particular. Un claro ejemplo de este estilo es el magnífico edificio de la Lonja de la Seda, uno de los más emblemáticos de la ciudad. Construida entre 1482 y 1548, la Lonja es un ejemplo de la riqueza y el poderío comercial de Valencia en la época. Su gran salón, con columnas helicoidales y techos altos, es una obra maestra de la arquitectura gótica y un símbolo del floreciente comercio de la seda en la ciudad.

Otro ejemplo del gótico valenciano es la Catedral de Valencia, especialmente su torre campanario, conocida como el Micalet, que ofrece una vista panorámica de la urbe y simboliza la fortaleza y la fe del pueblo valenciano. La catedral, aunque iniciada en estilo gótico, fue incorporando elementos  renacentistas y barrocos en sus fases posteriores, lo que la convierte en un ejemplo de la evolución arquitectónica de la ciudad.

Con la llegada del Renacimiento, Valencia comenzó a incorporar elementos clásicos en sus edificios, lo que se puede apreciar en las construcciones civiles y religiosas de la época. La Casa de la Ciudad y el Palacio de la Generalidad Valenciana son ejemplos de esta transición hacia un estilo más sobrio y equilibrado, caracterizado por el uso de columnas y arcos de medio punto inspirados en los modelos clásicos.

En las afueras de la ciudad, el Renacimiento también dejó su huella en las villas y palacios de la nobleza, que adoptaron la arquitectura clásica como símbolo de prestigio y poder. Estos edificios, con sus patios interiores y jardines decorativos, reflejaban el ideal renacentista de armón.

4

Mecenazgo y circulación del conocimiento

LOS MECENAS VALENCIANOS

El mecenazgo desarrolló un papel crucial en la configuración del esplendor cultural del Siglo de Oro valenciano. Más que una simple expresión de prestigio, el apoyo de los nobles y poderosos respondía a una concepción de responsabilidad social. La promoción de las artes y las letras no solo enriquecía la vida cultural de la ciudad, sino que también consolidaba el estatus de los mecenas como pilares de una sociedad sofisticada y visionaria.

Entre los mecenas más influyentes se encuentra la familia Borja (Borgia), originaria de Játiva, cuyo legado trasciende la historia de Valencia. Su influencia alcanzó una dimensión internacional, gracias a Calixto III y Alejandro VI, papas que utilizaron su posición para impulsar el arte y la arquitectura tanto en Roma como en Valencia. En su tierra natal, los Borja financiaron proyectos arquitectónicos emblemáticos como el Palacio Ducal de Gandía, un ejemplo del poder económico y cultural de la familia.

El mecenazgo de los Borja no se limitó al ámbito literario. También extendieron su influencia al desarrollo de la música, las artes visuales y la filosofía, fomentando una interconexión entre las disciplinas que definió el Renacimiento valenciano. La Universidad de Valencia, fundada en el año de 1499, recibió un importante impulso de esta familia, lo que fortaleció su posición como centro de aprendizaje y difusión del conocimiento en el Mediterráneo.

Otro ejemplo notable de mecenazgo lo encontramos en el duque de Gandía, San Francisco de Borja, descendiente de la familia Borja, quien, además de ser un líder político y religioso, fue un ferviente defensor de las artes. Durante su ducado, apoyó a poe-

tas como Ausiàs March y Jordi de Sant Jordi, cuyas obras marcaron un hito en la lírica valenciana. El interés del duque por las artes también se reflejó en la música, promoviendo la creación de piezas sacras y profanas que enriquecieron la cultura de su tiempo.

Las familias nobles no solo financiaban obras

literarias y artísticas, sino que también se implicaban en la construcción de infraestructuras culturales. La Lonja de la Seda es un ejemplo icónico de esta tradición. Construida entre 1482 y 1533, su arquitectura gótica simboliza el poderío económico y cultural de Valencia. Este edificio no solo servía como centro comercial, sino también como un espacio de encuentro para intelectuales y artistas que contribuían al intercambio cultural.

El clero valenciano, especialmente las órdenes religiosas como los dominicos y los franciscanos, también complementó un papel destacado en el mecenazgo cultural. Estas instituciones encargaron la creación de obras de arte sacro, como los retablos de las iglesias de San Nicolás y Santo Domingo, así como manuscritos iluminados que circularon por los monasterios. Estas obras no solo tenían un propósito devocional, sino que también funcionaban como herramientas de enseñanza y medios para preservar el conocimiento.

Además de los nobles y el clero, los gremios y mercaderes valencianos también contribuyeron al auge cultural de la ciudad. Los gremios de la seda, por ejemplo, promovieron la creación de tapices y tejidos que no solo eran productos de comercio, sino también obras de arte que reflejaban la destreza técnica y estética de los artesanos locales. Este apoyo económico permitió a los talleres y artistas valencianos competir con las de otras ciudades europeas, posicionando a Valencia como un referente en la producción artística y artesanal.

La circulación del conocimiento, facilitada por el mecenazgo, también se vio potenciada por la invención de la imprenta, que llegó a Valencia a finales del siglo XV. La ciudad se convirtió en uno de los primeros centros de impresión de la península ibérica, publicando obras como *Obres e trobes en lahors de la Verge Maria*, el primer libro impreso en lengua valenciana. Este avance permitió que las ideas y los conocimientos producidos en Valencia se difundieran rápidamente por Europa, consolidando su influencia cultural.

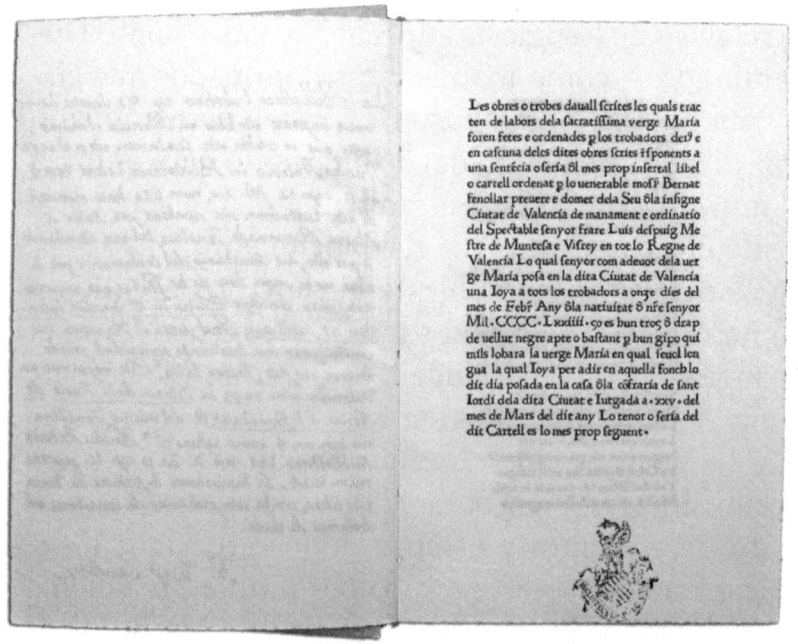

El mecenazgo valenciano no solo promovió la creación de obras inmortales, sino que también fomentó el diálogo entre artistas, escritores y pensadores. Este intercambio enriqueció la vida cultural de la ciudad y la conectó con otras regiones de Europa, situándola como un nodo clave en la red intelectual del Renacimiento. Gracias a estos esfuerzos, Valencia no solo floreció durante el Siglo de Oro, sino que dejó un legado cultural que sigue siendo objeto de admiración y estudio en la actualidad.

Las universidades y academias

La Universidad de Valencia, desde su fundación, fue un centro fundamental para la difusión del conocimiento humanista y para la formación de la élite intelectual de la ciudad. Inspirada por las universidades italianas, ofrece estudios avanzados en teología, medicina, derecho y las artes liberales, que incluían la gramática, la retórica y la filosofía. Estos saberes promovían el humanismo renacentista y alentaban a los estudiantes a profundizar en los textos clásicos, tanto latinos como griegos.

El humanismo floreció en Valencia gracias a la academia literaria que se formó en torno a la universidad. La Academia de los Nocturnos, fundada en 1591, fue uno de los espacios más importantes donde los intelectuales valencianos debatían temas de poesía, filosofía y literatura. Esta academia reunió a escritores y poetas de renombre, como Bernat Fenollar y Roís de Corella, quienes encontraron en estos foros un espacio de intercambio de ideas y promoción de sus obras. Las academias de este tipo contribuyeron a la circulación de ideas y al desarrollo del pensamiento crítico, consolidando a Valencia como un centro intelectual de primer nivel.

Las universidades y academias no solo proporcionaban formación, sino que también eran catalizadores para la producción literaria y filosófica, al patrocinar debates y competiciones literarias, y al publicar las obras más destacadas. Estas instituciones jugaban un papel crucial en la difusión del conocimiento y el pensamiento renacentista en la sociedad valenciana.

Imprentas y libros

La imprenta, que llegó a Valencia en 1474, marcó un antes y un después en la circulación del conocimiento y en el auge literario del Siglo de Oro valenciano. La posibilidad de reproducir libros de manera rápida y en grandes cantidades permitió que las ideas humanistas y las obras literarias se difundieran mucho más allá de los círculos académicos y nobiliarios.

Uno de los primeros textos impresos en Valencia fue una traducción del clásico *Obres o trobes en lahors de la Verge Maria* (1474), una compilación de poemas religiosos dedicados a la Virgen María. Esta antología fue el primer libro impreso en la península ibérica en lengua valenciana, y su publicación simbolizó la importancia de la imprenta en la cultura literaria de la región. La aparición de las imprentas en Valencia hizo que la ciudad se convirtiera en un importante centro editorial, con un volumen de publicaciones que aumentaba cada año.

Asimismo, la circulación de libros permitió que las obras de autores valencianos, como Joanot Martorell y Ausiàs March, alcanzaran un público más amplio. Y facilitó la difusión de traducciones de los clásicos latinos y griegos, así como la publicación de tratados científicos y filosóficos que reflejaban las nuevas corrientes de pensamiento renacentista. Las imprentas valencianas también se encargaban de reproducir textos religiosos que servían tanto para el adoctrinamiento como para el enriquecimiento espiritual de la sociedad.

El auge de la producción editorial en Valencia se expande también al ámbito de la investigación científica. En la Universidad de Valencia, se publicaron importantes tratados médicos y científicos que contribuyeron a la formación de doctores y académicos de renombre. La imprenta, por tanto, no solo permitió la difusión de la literatura, sino también del saber técnico y científico, facilitando un ambiente propicio para el desarrollo intelectual.

La producción de libros y su circulación aseguraron que las ideas del Renacimiento penetraran en todos los estratos de la sociedad valenciana, contribuyendo a su desarrollo cultural. Valencia se consolidó como un centro de conocimiento y producción literaria, capaz de competir con los grandes centros de la época, como Salamanca o Alcalá de Henares, en cuanto a la difusión y preservación del saber.

5

Relaciones con el exterior

INTERCAMBIOS CULTURALES

Durante el Siglo de Oro, Valencia, al igual que otras ciudades portuarias de la Corona de Aragón, estuvo estratégicamente situada en el Mediterráneo, lo que facilitó un constante flujo de ideas, productos y personas entre Europa y el resto del mundo. El intercambio cultural entre Valencia y otras regiones europeas, como Italia y Francia, fue crucial para el desarrollo de su cultura literaria y artística.

Uno de los principales canales de conexión fue el comercio. Valencia mantenía relaciones comerciales muy activas con ciudades italianas como Génova, Venecia y Florencia, lo que permitió la llegada de artistas, escritores y mercaderes italianos a la ciudad. Estos intercambios trajeron consigo las últimas tendencias en el arte, la literatura y la filosofía del Renacimiento, influyendo profundamente en los intelectuales valencianos.

Italia, en particular, tuvo un impacto significativo en Valencia debido a la posición de la Corona de Aragón en el Mediterráneo y su control sobre territorios italianos como Sicilia, Cerdeña y Nápoles. Este dominio facilitó una relación fluida entre las ciudades del Mediterráneo, y muchos valencianos viajaban a Italia para estudiar, comerciar o simplemente conocer las nuevas corrientes artísticas que se estaban gestando. Valencia también fue receptora de influencias francesas a través del matrimonio y la diplomacia, lo que llevó a un cruce de ideas literarias y filosóficas que contribuyeron al desarrollo del humanismo en la ciudad.

El intercambio de artistas y escritores entre estos países y Valencia generó un ambiente cosmopolita en la ciudad, donde las ideas renacentistas se fusionaban con las tradiciones locales. Así, Valencia se convirtió en una puerta de entrada para las corrientes culturales del norte de Europa y el Mediterráneo, lo que le permitió mantener una estrecha relación con los centros culturales europeos más avanzados.

La influencia del humanismo italiano

El humanismo italiano tuvo una profunda influencia en la literatura valenciana del Siglo de Oro. La recuperación y estudio de los textos clásicos de la antigüedad, promovidos por los humanistas italianos, llegó a Valencia a través de los intercambios con Italia y el contacto directo con los intelectuales de ese país. Este movimiento renovador, que ponía énfasis en la dignidad del hombre, el pensamiento crítico y la búsqueda del conocimiento, fue absorbido rápidamente por los escritores valencianos.

El ejemplo más destacado de esta influencia es Juan Luis Vives, uno de los humanistas más importantes del siglo XVI. Nacido en Valencia en 1492, Vives fue educado en el humanismo italiano, especialmente durante su estancia en París y Lovaina. Su obra abarcó una amplia gama de temas, desde la pedagogía y la filosofía hasta la teología. En su tratado *De disciplinis* (1531), Vives enfatizó la importancia de la educación y el pensamiento crítico como  pilares del desarrollo humano, ideas profundamente enraizadas en el humanismo renacentista.

Otro ámbito en el que se observa claramente la influencia italiana es la poesía. Autores como Ausiàs March reflejan en su obra una preocupación filosófica y emocional que conecta con las ideas humanistas de introspección y la exploración de las pasiones humanas. Aunque March escribió antes del pleno auge del Renacimiento en Valencia, su obra ya contiene elementos de la búsqueda renacentista por el conocimiento del ser humano. Más tarde, otros poetas y escritores valencianos seguirían este camino, imitando a autores italianos como Petrarca y Boccaccio, en sus estilos y temáticas.

El humanismo también influyó en el teatro valenciano. Las representaciones dramáticas, especialmente en las cortes nobiliarias, adoptan temas clásicos y mitológicos que habían sido revitalizados por el humanismo italiano. Las tragedias griegas y romanas fueron reinterpretadas por autores valencianos, y las academias literarias de la ciudad debatían con frecuencia sobre los ideales clásicos y las virtudes cívicas, conceptos centrales en el pensamiento humanista.

La proyección de los autores valencianos

La proyección de los autores valencianos en el ámbito hispano y europeo fue notable durante el Siglo de Oro. La imprenta utilizó un papel clave en esta expansión, permitiendo que las obras de los autores valencianos lleguen a lectores de toda la península y más allá. De esta forma, Valencia no solo fue un centro receptor de ideas europeas, sino también una fuente exportadora de talento literario.

Uno de los autores que tuvo mayor repercusión fuera de Valencia fue Joanot Martorell. Su novela *Tirant lo Blanch* no solo fue un éxito en los territorios de la Corona de Aragón, sino que también llegó a influir en la literatura castellana y europea. Su estilo innovador, que combinaba el romance caballeresco con elementos realistas y psicológicos, inspiró a autores posteriores. La obra de Martorell viajó a otros países europeos, donde se tradujo y adaptó, ganando un reconocimiento más allá de las fronteras de Valencia.

Ausiàs March fue otro poeta cuyo legado trascendió al nivel europeo. Su poesía, que exploraba las complejidades del amor y la naturaleza humana, tuvo una gran influencia en la poesía del Siglo de Oro español. Sus versos fueron imitados por poetas de otras regiones de la península, y su estilo introspectivo fue pionero en una forma de escribir poesía que combinaba lo filosófico con lo emocional. March se convirtió en un modelo para autores como Garcilaso de la Vega y, posteriormente, para los poetas del Siglo de Oro castellano.

La reputación de los autores valencianos no solo se limita al ámbito literario, sino que también incluye otros géneros, como el ensayo y el pensamiento filosófico. El ya mencionado Juan Luis Vives tuvo un impacto profundo en la intelectualidad europea. Sus tratados sobre la educación y la moral fueron leídos en universidades y cortes de toda Europa, desde España hasta Inglaterra y los Países Bajos. Su pensamiento influyó en filósofos y educadores de toda Europa, y su visión crítica sobre la religión y la política abrió debates que resonaron más allá de los límites de la península ibérica.

Y es que la proyección de los autores valencianos en el ámbito hispano y europeo consolidó a la capital del Turia como un centro literario y cultural de gran relevancia. La circulación de sus obras, la influencia del humanismo italiano y los intercambios con otros países europeos contribuyeron a la expansión del legado valenciano, posicionando a sus escritores y pensadores en la vanguardia cultural de su tiempo.

6

El fin del Siglo de Oro Valenciano

Uno de los principales factores en el declive de este esplendor fue el cambio en las rutas comerciales globales. El descubrimiento de América en 1492 y el establecimiento de rutas comerciales atlánticas desvió el comercio internacional lejos del Mediterráneo, que había sido la fuente de riqueza de ciudades como Valencia. Mientras Sevilla y Lisboa se convirtieron en los centros de comercio con las Américas, Valencia y otras ciudades mediterráneas vieron una disminución en su relevancia económica. La pérdida de este papel central en el comercio internacional tuvo efectos devastadores en la economía local, ya que muchas familias mercantiles y artesanales que dependían de los intercambios comerciales mediterráneos sufrieron grandes pérdidas.

A nivel político, los conflictos bélicos que azotaron Europa durante el siglo XVII también tuvieron un impacto negativo en Valencia. La Guerra de los Segadores (1640-1659) en Cataluña y la Guerra de Sucesión Española (1701-1714) en el siglo XVIII afectaron la estabilidad interna de la Corona de Aragón, en la que se incluía Valencia, debilitando su estructura política y económica. Estas conflagraciones no solo desangraron los recursos del reino, sino que también fragmentaron la unidad social y causaron una prolongada crisis política.

El declive económico y los problemas gubernamentales provocaron una reducción significativa del apoyo a la cultura, afectando tanto a la producción artística como a la literaria. Con menos recursos disponibles, Valencia perdió gran parte de la vitalidad cultural que había caracterizado su Siglo de Oro.

La crisis de la nobleza

Un factor crucial que precipitó el fin del Siglo de Oro valenciano fue la crisis de la nobleza y la consecuente pérdida de apoyo al mecenazgo cultural. Durante los siglos XV y XVI, la nobleza valenciana había sido uno de los pilares fundamentales para el desarrollo artístico y literario de la región. Los grandes mecenas, como los Borja y los duques de Gandía, promovieron la creación de obras literarias, musicales y artísticas. Sin embargo, con el colapso económico de la ciudad, la nobleza perdió gran parte de su riqueza y poder.

A medida que la crisis económica avanzaba, muchos nobles valencianos se vieron obligados a vender tierras y propiedades para mantener su estatus social. Esta pérdida de ingresos debilitó significativamente su capacidad para financiar proyectos culturales, y el flujo de mecenazgo, que había sido esencial para el florecimiento del arte y la literatura, reducida. Sin el apoyo económico de los aristócratas, los escritores y artistas encontraron más dificultades para continuar con su labor creativa. La producción literaria se redujo, y muchas academias literarias que habían sido prósperas durante el auge renacentista comenzaron a desaparecer.

El declive del mecenazgo no solo afectó la creación artística, sino que también debilitó las instituciones académicas y educativas. La Universidad de Valencia, que había sido un foco de difusión del humanismo y las ideas renacentistas, comenzó a sufrir las consecuencias de la falta de fondos. Las becas y los fondos que solían apoyar a los estudiantes se volvieron más escasos, lo que limitó la formación de nuevas generaciones de intelectuales y artistas.

EL IMPACTO DE LA INQUISICIÓN EN LA CULTURA

Otro factor fundamental que marcó el fin del Siglo de Oro valenciano fue el impacto de la Inquisición en la vida cultural e intelectual de la ciudad. Durante el siglo XVI, la Inquisición española fue una de las instituciones más poderosas en la península ibérica, y su influencia se sintió de manera especialmente fuerte en urbes del levante español, donde se dedicó a perseguir y reprimir cualquier idea que pudiera considerarse herética o contraria a la doctrina católica.

La censura impuesta por la Inquisición afectó profundamente el desarrollo del pensamiento humanista en Valencia. Los estudiosos y escritores que habían promovido una visión más crítica y abierta del conocimiento humano, influenciados por el Renacimiento italiano, se vieron obligados a moderar o incluso abandonar sus posiciones. La vigilancia constante de la Inquisición y el miedo a ser acusado de herejía hicieron que muchos intelectuales valencianos adoptaran una postura más conservadora y que el pensamiento crítico perdiera fuerza. Esta represión del pensamiento libre fue un golpe devastador para el ambiente intelectual que había florecido durante el Siglo de Oro.

Además, la Inquisición intervino directamente en la producción y circulación de libros. Muchos de los textos que habían llegado a Valencia desde Italia o Francia, portadores de las ideas humanistas y renacentistas, fueron prohibidos o censurados por la iglesia. La imprenta, que había sido un motor clave para la difusión de ideas en el Siglo de Oro, se encontró ahora bajo una fuerte supervisión, lo que limitó significativamente la circulación de textos considerados peligrosos o subversivos.

El clima de represión cultural promovido por la Inquisición no solo afectó a los humanistas y eruditos, sino también a la producción artística. La creatividad fue sofocada por el temor a la censura, y muchos artistas y escritores se vieron forzados a abandonar temas considerados controvertidos o arriesgados. Como resultado, la cultura valenciana perdió gran parte de la diversidad y vitalidad que la había caracterizado en épocas anteriores.

7

El legado del Siglo de Oro Valenciano

El legado del Siglo de Oro valenciano ha dejado una huella profunda en la cultura posterior, no sólo en la península ibérica, sino también en el panorama artístico y literario europeo. Los autores y artistas que florecieron durante este período no solo transformaron el arte y la literatura de su tiempo, sino que también influyeron en generaciones posteriores, quienes retomaron sus ideas y estilos para continuar con la evolución del pensamiento y la creación estética.

En el ámbito literario, autores como Ausiàs March y Joanot Martorell fueron figuras clave en el desarrollo de la poesía y la narrativa, cuyas obras marcaron un antes y un después en la literatura valenciana y española. March, con su exploración filosófica y emocional del amor, y Martorell, con la complejidad y el realismo de su novela *Tirant lo Blanch*, sentaron las bases de muchos elementos que influirían en la literatura posterior, tanto en la lengua valenciana como en el ámbito castellano.

En particular, la influencia de Ausiàs March fue notable en poetas posteriores, como Garcilaso de la Vega, quien adoptó y adecuó la introspección lírica y el tratamiento de las emociones humanas que March había innovado. El estilo personal y profundo de March abrió el camino para la poesía renacentista española, que buscaría combinar la expresión individual con un sentido más universal de la naturaleza humana.

Asimismo, la novela caballeresca de Joanot Martorell, *Tirant lo Blanch*, se erigió como una obra pionera en el género y su influencia se extendió mucho más allá de Valencia. Martorell combinó el ideal caballeresco con un enfoque realista y humano de sus personajes, anticipando elementos de la novela moderna. Su obra, además de ser elogiada por Cervantes en *Don Quijote*, influyó en autores posteriores, tanto en España como en otras partes de Europa e Hispanoamérica. El legado de estos escritores valencianos, por lo tanto, trasciende las fronteras de su propia región y es un pilar fundamental en la literatura del Siglo de Oro español.

En las artes visuales, los pintores valencianos también dejaron una marca duradera. Artistas como Juan de Juanes y Fernando Yáñez de la Almedina fusionaron la tradición gótica con las innovaciones renacentistas italianas, creando un estilo que influiría en las generaciones posteriores de artistas españoles. La atención al detalle, la representación realista de las figuras humanas y el uso de la perspectiva son algunos de los aspectos del arte renacentista valenciano que continuarían evolucionando en el arte español.

La memoria del Siglo de Oro

La memoria del Siglo de Oro valenciano ha perdurado a lo largo de los siglos, encontrando ecos en la literatura y el arte contemporáneo. A pesar del declive cultural que siguió a este período, la herencia artística y literaria de Valencia no fue olvidada. Durante los siglos XIX y XX, el Siglo de Oro valenciano fue recuperado y reinterpretado por escritores y artistas que buscaban conectarse con ese pasado glorioso.

El modernismo valenciano de finales del siglo XIX y principios del XX, liderado por figuras como el escritor Vicent Blasco Ibáñez, fue uno de los intentos más claros de recuperar y honrar el legado del Siglo de Oro. Blasco Ibáñez, a través de sus novelas y escritos, recreó los paisajes y personajes de la historia valenciana, incluyendo referencias al esplendor cultural que había caracterizado a la región en siglos anteriores. Su obra, aunque situada en un contexto contemporáneo, refleja una conciencia del legado literario e histórico de la ciudad.

En el arte, el neogótico y las corrientes artísticas vinculadas al modernismo retomaron elementos de la arquitectura y el arte visual del Siglo de Oro. Muchos edificios construidos durante el auge del modernismo en Valencia, como el Mercado Central o la Estación del Norte, presentan reminiscencias de los estilos góticos y renacentistas que definieron la arquitectura valenciana en su época de esplendor. Esta vuelta a las formas tradicionales fue una forma de reivindicar el pasado glorioso de la ciudad y de reafirmar su identidad cultural.

En el ámbito literario, poetas y novelistas contemporáneos han seguido recurriendo a las obras de los grandes autores del Siglo de Oro valenciano como fuentes de inspiración. La poesía de Ausiàs March, en particular, ha sido objeto de numerosas revisiones y estudios en la literatura moderna, y su impacto sigue siendo relevante en la poesía contemporánea.

Historiografía y la crítica actual

En la historiografía y la crítica literaria contemporánea, el Siglo de Oro valenciano ha sido objeto de un renovado interés, tanto en España como en el ámbito internacional. Los estudiosos han buscado revalorizar el papel de Valencia dentro del Renacimiento hispano, reconociendo la importancia de su contribución al arte, la literatura y el pensamiento del período.

En las últimas décadas, la obra de autores como Ausiàs March y Joanot Martorell ha sido revisada y analizada bajo nuevas perspectivas críticas. En particular, los estudios sobre la poesía de March han explorado su carácter innovador dentro del contexto europeo, destacando su enfoque filosófico sobre el amor y la vida. La crítica moderna ha resaltado cómo March rompió con las convenciones de la poesía trovadoresca para desarrollar una poesía profundamente personal y reflexiva, lo que lo sitúa como un precursor del individualismo lírico renacentista.

Asimismo, la obra de Joanot Martorell ha sido objeto de numerosos estudios que han destacado su relevancia como una de las primeras narrativas modernas en Europa. Los críticos han analizado la complejidad psicológica de los personajes de Martorell, subrayando la mezcla de idealismo caballeresco y realismo pragmático que caracteriza la obra. La crítica contemporánea también ha explorado las influencias literarias europeas en Martorell, así como su impacto en el desarrollo de la novela en los siglos posteriores.

Además, la historiografía ha profundizado en la comprensión del contexto socioeconómico y político de Valencia durante su Siglo de Oro, investigando cómo la interacción entre el comercio mediterráneo, el mecenazgo de la nobleza y el desarrollo de las academias literarias contribuyó al auge cultural de la ciudad. Estos estudios han arrojado luz sobre el papel clave de Valencia como un punto de encuentro entre las influencias del norte de Europa y el Mediterráneo, situándola en el mapa de los grandes centros culturales de la Europa renacentista.

Asimismo, la crítica actual ha comenzado a redescubrir la relevancia de otros autores y artistas valencianos menos conocidos, pero igualmente importantes para entender la totalidad del legado cultural del Siglo de Oro valenciano. Las investigaciones académicas están revisando y revalorizando textos y obras de arte que habían quedado relegados a un segundo plano en la historia cultural de la región, permitiendo que emerja una imagen más completa y diversa de este período histórico. Y es que el Siglo de Oro valenciano fue una época de esplendor cultural, artístico y literario que no solo marcó un punto culminante en la historia de Valencia, sino que también dejó una huella indeleble en el panorama cultural hispano y europeo. Durante este periodo, la ciudad de Valencia no solo floreció como un centro económico y comercial, sino también como un foco de producción cultural, donde la poesía, la prosa, las artes visuales y las ciencias alcanzaron un nivel de desarrollo que sigue siendo objeto de estudio y admiración.

El impacto de los autores valencianos no se limitó a su tiempo ni a su región. Estos escritores contribuyeron a la consolidación de una tradición literaria que, a lo largo de los siglos, ha influido profundamente en el desarrollo de la poesía y la narrativa española e internacional. Las innovaciones líricas de March, con su introspección filosófica y su profundo tratamiento de las emociones humanas, sentaron las bases para la poesía renacentista en la península ibérica. Del mismo modo, *Tirant lo Blanch* de Martorell, con su complejidad narrativa y sus personajes realistas, anticipó muchos de los elementos que caracterizan la novela moderna.

Por su parte, las familias nobles y las instituciones religiosas ofrecieron los recursos necesarios para que escritores, artistas y científicos pudieran desarrollar su obra. La Universidad de Valencia y las academias literarias fueron centros neurálgicos de difusión de ideas, donde el humanismo, traído desde Italia, se integró en el pensamiento valenciano y contribuyó a la creación de una rica tradición intelectual.

Sin embargo, el Siglo de Oro valenciano también nos ofrece lecciones sobre la fragilidad del florecimiento cultural. La pérdida de las rutas comerciales mediterráneas, la crisis económica y política, y la represión intelectual impuesta por la Inquisición fueron factores que contribuyeron al declive de esta era dorada. El final del Siglo de Oro valenciano nos recuerda que el desarrollo cultural y artístico está estrechamente vinculado a las condiciones sociales y económicas que lo sostienen. Cuando estas condiciones se deterioran, la producción cultural se ve afectada.

A pesar de este declive, el legado del Siglo de Oro valenciano ha perdurado a lo largo de los siglos. Su memoria ha sido recuperada por movimientos artísticos y literarios posteriores, como el modernismo, y los estudios historiográficos contemporáneos han resaltado su importancia en el contexto de la historia cultural europea. La obra de autores como Ausiàs March, Joanot Martorell y Juan Luis Vives sigue siendo leída y estudiada, y su influencia se extiende hasta nuestros días, tanto en el ámbito académico como en el artístico.

En última instancia, el impacto duradero del Siglo de Oro valenciano reside en su capacidad para haber forjado una identidad cultural única, enraizada en la historia mediterránea, pero abierta a las influencias del Renacimiento y de Europa. Esta identidad no solo contribuyó al enriquecimiento de la cultura española, sino que también posicionó a Valencia como un centro cultural de gran relevancia en el ámbito internacional. Hoy en día, al mirar hacia atrás, podemos reconocer que el Siglo de Oro valenciano sigue siendo un testimonio de la capacidad creativa y resiliente de una sociedad que, en su momento de mayor esplendor, iluminó el panorama cultural de su tiempo y dejó un legado. que sigue inspirando a las generaciones actuales.

APÉNDICES

1238: Conquista de Valencia por el rey Jaime I de Aragón. La ciudad se incorpora a la Corona de Aragón y comienza su desarrollo como centro político y económico del Mediterráneo.

1400-1500: Auge del comercio de la seda en Valencia, que impulsa el crecimiento económico y la construcción de edificios emblemáticos como la Lonja de la Seda.

1410-1460: Apogeo de la poesía valenciana con autores como Ausiàs March, quien desarrolla una nueva concepción lírica centrada en el conflicto emocional y filosófico.

1490: Publicación de *Tirant lo Blanch* por Joanot Martorell, una de las primeras novelas modernas en Europa, que mezcla el ideal caballeresco con un enfoque realista y psicológico.

1499: Fundación de la Universidad de Valencia, que se convierte en un centro fundamental para el desarrollo del humanismo y la difusión de conocimientos científicos y literarios.

1516-1550: El humanista valenciano Juan Luis Vives alcanza notoriedad en Europa con sus escritos pedagógicos y filosóficos, contribuyendo al pensamiento renacentista europeo.

1588: Fundación de la Academia de los Nocturnos, un foro literario que fomenta el intercambio de ideas y la creación poética en Valencia.

1640-1659: Guerra de los Segadores en Cataluña, que afecta a la estabilidad política y económica de Valencia y contribuye al declive del Siglo de Oro valenciano.

1701-1714: Guerra de Sucesión Española. Valencia apoya al archiduque Carlos de Austria y al finalizar la guerra pierde sus fueros y privilegios, marcando el fin de su preeminencia política y cultural.

PRINCIPALES AUTORES Y ARTISTAS

Ausiàs March (1397-1459): Poeta valenciano considerado uno de los más importantes de la literatura en valenciano. Su obra destaca por una profunda reflexión sobre el amor, la muerte y la existencia humana, y marcó una ruptura con las formas tradicionales de la poesía trovadoresca. Su lírica influyó en poetas posteriores como Garcilaso de la Vega.

Joanot Martorell (1413-1468): Escritor valenciano, autor de *Tirant lo Blanch*, una de las primeras novelas modernas en Europa. Su obra combina elementos caballerescos y realistas, con un enfoque en la psicología de los personajes y la narrativa de aventuras. Su novela influyó en Cervantes y otros autores renacentistas.

Juan Luis Vives (1492-1540): Filósofo y humanista nacido en Valencia, conocido por su obra en pedagogía y filosofía. Fue una de las figuras más influyentes del Renacimiento europeo, con tratados como *De disciplinas*, donde proponía reformas educativas basadas en el humanismo. Su pensamiento influyó en la educación y la política europea.

Joan de Joanes (1510-1579): Pintor renacentista valenciano, también conocido como Juan de Juanes, cuyas obras religiosas son reconocidas por su detallismo y la serenidad de sus figuras. Su estilo fue una síntesis de las influencias italianas del Renacimiento con las tradiciones góticas locales.

Fernando Yáñez de la Almedina (1475-1536): Pintor español, discípulo de Leonardo da Vinci, que trajo a Valencia las innovaciones del Renacimiento italiano. Sus obras combinan los estilos gótico y renacentista, destacando por su realismo y uso de la perspectiva.

Roís de Corella (1435-1497): Poeta y prosista valenciano que escribió tanto en valenciano como en castellano. Fue uno de los principales representantes de la literatura valenciana del Siglo de Oro, conocido por su estilo refinado y su influencia en la poesía renacentista.

Cortes Valencianas. Asamblea política representativa de los distintos estamentos (nobleza, clero y burguesía) del Reino de Valencia. Las decisiones tomadas en estas asambleas influyeron en la estructura social, económica y política, afectando también el desarrollo cultural.

Humanismo. Movimiento intelectual del Renacimiento que valoraba el estudio de los textos clásicos grecolatinos y colocaba al ser humano en el centro de la reflexión filosófica y artística. En Valencia, el humanismo tuvo un papel fundamental en el desarrollo literario, especialmente en las universidades y academias.

Impresión. Introducida en Valencia en 1474, la imprenta jugó un papel clave en la difusión de la literatura y el conocimiento. Facilitó la circulación de textos literarios, científicos y filosóficos, ampliando el alcance de las ideas humanistas y renacentistas.

Lonja de la Seda. Edificio emblemático del gótico civil valenciano, construido entre 1482 y 1548. Este edificio, símbolo del floreciente comercio de la seda en Valencia, es un ejemplo arquitectónico clave del poder económico de la ciudad durante el Siglo de Oro.

Mecenazgo. Apoyo económico y cultural proporcionado por nobles y poderosos a artistas, escritores y académicos. El mecenazgo fue crucial para el florecimiento de las artes y la literatura en el Siglo de Oro valenciano, permitiendo la producción de importantes obras literarias y artísticas.

Neoplatonismo. Corriente filosófica del Renacimiento que influyó en la literatura y las artes. Inspirado en el pensamiento de Platón, el neoplatonismo puso énfasis en la contemplación de la belleza como un medio para alcanzar lo divino. En Valencia, este pensamiento permeó las obras literarias y filosóficas del período.

Universidad de Valencia. Fundada en 1499, esta institución fue un centro de formación y difusión del humanismo renacentista. La Universidad de Valencia jugó un papel clave en el desarrollo cultural de la ciudad, promoviendo el estudio de las artes liberales, el derecho y la medicina.

BIBLIOGRAFÍA

Marrón, Jonatán. *Pintura y Escultura en España 1500-1700*. Madrid: Cátedra, 1980.

Cabré, Miriam. *Ausiàs March y la poesía amorosa: función y contexto en el 'Cant de Mort'*. Londres: Tamesis Books, 1999.

Fuster, Juana. *El Siglo de Oro Valenciano*. Valencia: Edicions Tres i Quatre, 1983.

García Cárcel, Ricardo. *La Inquisición y el fin del Siglo de Oro Valenciano*. Valencia: Publicaciones de la Universidad de Valencia, 2005.

Gutiérrez, Fernando. *Humanismo y Literatura en la Corona de Aragón*. Zaragoza: Prensas Universitarias de Zaragoza, 1995.

Martorell, Joanot. *Tirant lo Blanch*. Edición crítica de Martí de Riquer. Madrid: Gredos, 1971.

Pérez, Josep. *Valencia en la Edad de Oro: Sociedad, Economía y Cultura*. Valencia: Ediciones Alfons el Magnànim, 2000.

Riquer, Martí de. *Los trovadores: Historia literaria y textos*. Barcelona: Planeta, 1975.

Roselló, Josep. *Valencia y el Humanismo: La Universidad y los Escritores*. Valencia: Publicaciones de la Universidad de Valencia, 1998.

Villalmanzo, Fernando. *Humanismo en Valencia: La Academia de los Nocturnos*. Madrid: Alianza Editorial, 1998.

Vives, Juan Luis. *Obras completas*. Edición de Constantino Ponce de la Fuente. Madrid: Biblioteca Castro, 2000.

100 valencianos inmortales

Alejandro Alcalá

No se puede hablar de la historia de valencia sin nombrar a aquellos que la hicieron grande. Desde Valentia Edetanorum, con los romanos, pasando por Balansiya, con los musulmanes, hasta la Valencia que conocemos hoy. Todas las épocas han sido marcadas por personas que han hecho que hoy Valencia esté donde esté.

En este libro presentamos, ordenados cronológicamente, a los valencianos y valencianas inmortales, los hombres y mujeres que dejaron una huella en la historia y por eso alcanzaron la deseada inmortalidad. Nombres imperecederos, obras que han influido en lo que somos.

I.S.B.N.: 978-84-10227-94-1

EDICIONS PERELLÓ